DESSINS & TABLATURES

DES

INSTRUMENTS DE MUSIQUE

EN CUIVRE,

Mention honorable	1844
Médaille d'arg. 1849, réintégré en	1855
Prize medal Londres	1851
Grand brevet de S.M. la reine d'Angleterre	1855
Médaille d'honneur (Arts et Métiers.)	1855
Médaille de 1ère classe	1855
Mention honorable	1855

Médaille d'or (Sciences industrielles)	1855
Médaille d'arg.(Athénée des Arts.)	1856
Médaille d'arg.(Société libre des beaux-arts)	1856
Médaille d'or (Société des arts, sciences & belles lettres)	1856
Grande médaille d'or (Société universelle de Londres)	1856
Médaille d'honneur or (Académie nationale.)	1857
Médaille d'honneur (Académie universelle des arts et manufactures	1857

par

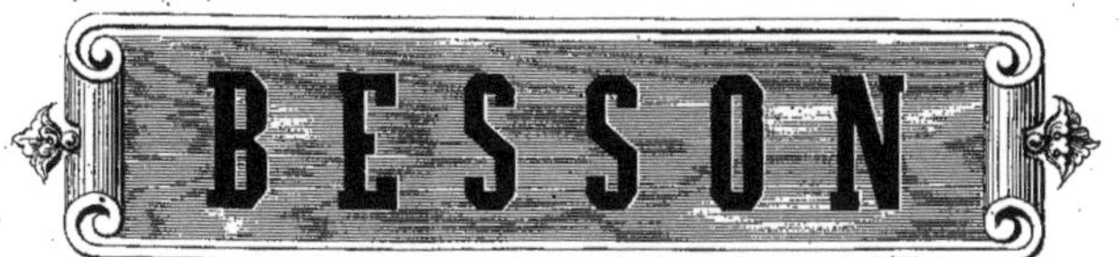

1855–1856.

Lith. Plaçais-Roche, r. Quincampoix. 21 Paris.

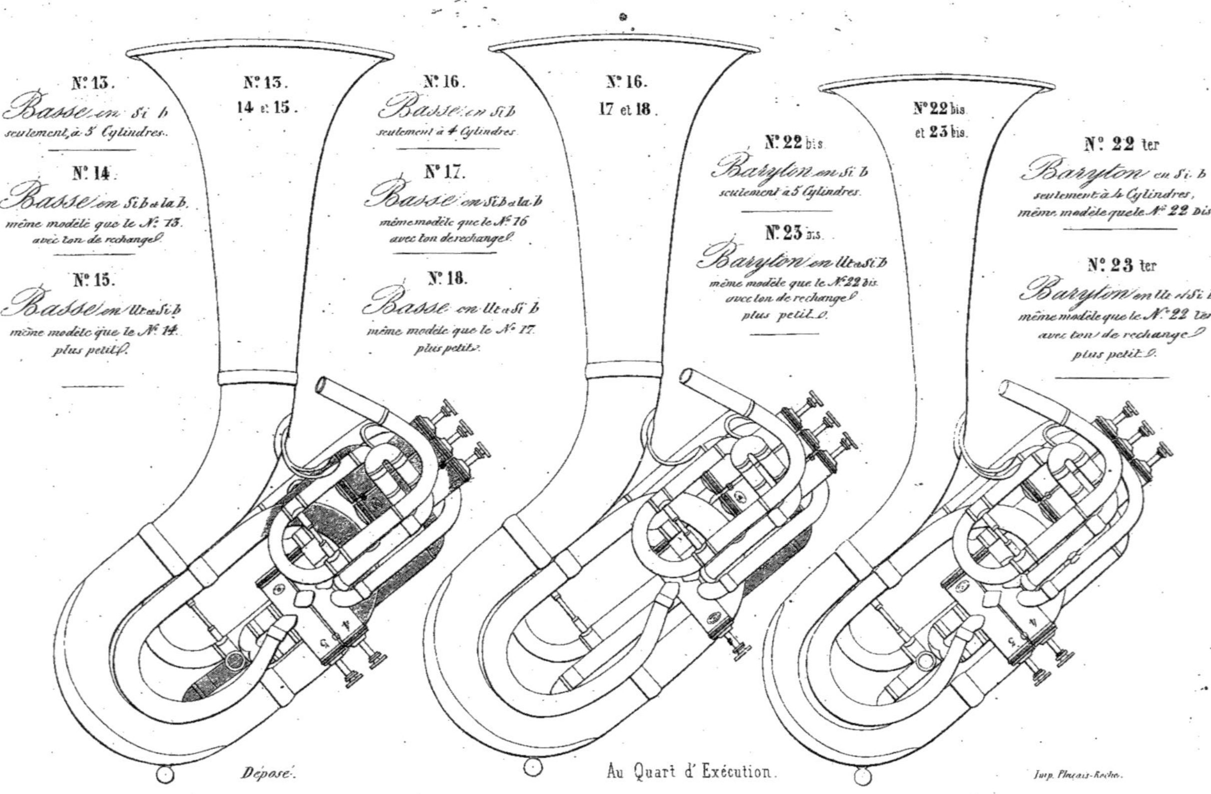

Nᵒ 13.
Basse en Si b seulement, à 5 Cylindres.
Nᵒ 14.
Basse en Si b à la b. même modèle que le Nᵒ 13. avec ton de rechange.
Nᵒ 15.
Basse en Ut a Si b même modèle que le Nᵒ 14. plus petit.
Nᵒ 13. 14 et 15.
Nᵒ 16.
Basse en Si b seulement à 4 Cylindres.
Nᵒ 17.
Basse en Si b à la b. même modèle que le Nᵒ 16 avec ton de rechange.
Nᵒ 18.
Basse en Ut a Si b même modèle que le Nᵒ 17. plus petit.
Nᵒ 16. 17 et 18.
Nᵒ 22 bis.
Baryton en Si b seulement à 5 Cylindres.
Nᵒ 23 bis.
Baryton en Ut a Si b même modèle que le Nᵒ 22 bis. avec ton de rechange plus petit.
Nᵒ 22 bis. et 23 bis.
Nᵒ 22 ter
Baryton en Si b seulement à 4 Cylindres, même modèle que le Nᵒ 22 bis.
Nᵒ 23 ter
Baryton en Ut a Si b même modèle que le Nᵒ 22 ter! avec ton de rechange plus petit.
Déposé.
Au Quart d' Exécution.
Imp. Placais-Roche.

7 *Rue des trois Couronnes, Paris.*

BESSON

CRÉATEUR DES PROTO-TYPES,

Breveté de plusieurs puissances,

Fournisseur de l'Armée, de la Garde Impériale et de la Marine.

TABLATURE DE BASSE À 5 CYLINDRES, du nouveau Système BESSON.

Le premier Cylindre se touche avec l'index de la main droite, le second avec le médium, le troisième avec l'annulaire, le quatrième avec l'index de la main gauche et le cinquième avec le médium.

Les notes qui se font par les Cylindres ou pistons baissés, sont indiquées par les N.os 1, 2, 3, 4 et 5, placés en dessus ou dessous de la note que l'on veut produire; lorsqu'il y a plusieurs chiffres employés, on les place sur une ligne verticale; le zéro indique les notes qui se produisent sans le secours des Cylindres.

Le Tableau ci-dessous démontre les différents doigtés et positions que l'instrument possède, ainsi que les notes qui se produisent sur chacune d'elles, telles que la tonique, la quinte, l'octave, etc. (Il est bon de remarquer ici que la 14e est naturellement basse.) Les blanches indiquent les notes qui se font par le doigté naturel, et les noires celles qui se font par le doigté factice, qu'il est urgent de bien connaître pour simplifier certains passages; tels que Cadences, Grupetto etc, qu'il est impossible d'exécuter sans lui, et l'on peut sans crainte d'avoir une note sourde, employer 3, 4 ou 5 Cylindres; le Système BESSON corrigeant les notes sourdes et fausses de tous les instrumens, sans que l'emploi de plus ou moins de Cylindres soit préjudiciable.

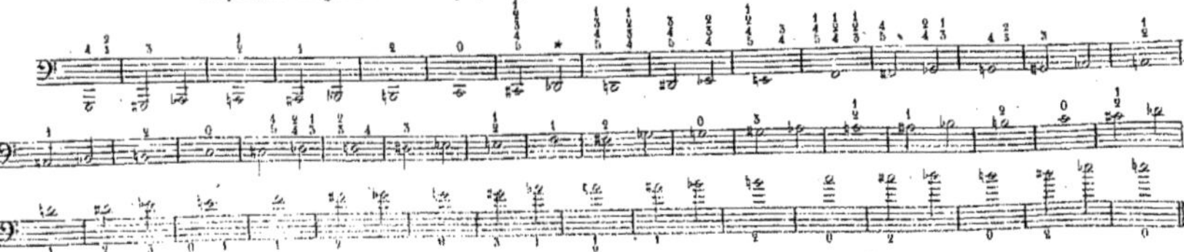

GAMME CHROMATIQUE d'après les doigtés les plus usités.

Le premier désigné est celui employé le plus souvent, (même observation pour le Tableau ci-dessus.)

Lorsqu'on se sert du Ton de rechange, on doit accorder avec soin les coulisses des Cylindres.

Cette Tablature peut servir pour tous les Instrumens gravés à 3 et 4 Cylindres

* Cette note n'existe pas sur les instrumens à 4 Cylindres, pour l'obtenir il faut baisser les 4 Cylindres et lâcher les lèvres, mais elle n'est jamais bonne.

7. *Rue des trois Couronnes, Paris.*

BESSON

CRÉATEUR DES PROTO-TYPES,

Breveté de plusieurs Puissances,

Fournisseur de l'Armée, de la Garde Impériale et de la Marine.

TABLATURE DE BASSE A 5 CYLINDRES, du nouveau Système BESSON.

Le premier Cylindre se touche avec l'index de la main droite, le second avec le médium, le troisième avec l'annulaire, le quatrième avec l'index de la main gauche et le cinquième avec le médium.

Les notes qui se font par les Cylindres ou pistons baissés, sont indiquées par les Nos 1, 2, 3, 4 et 5, placés en dessus ou dessous de la note que l'on veut produire; lorsqu'il y a plusieurs chiffres employés, on les place sur une ligne verticale; le zéro indique les notes qui se produisent sans le secours des Cylindres.

Le Tableau ci-dessous démontre les différents doigtés et positions que l'instrument possède, ainsi que les notes qui se produisent sur chacune d'elles, telles que la tonique, la quinte, l'octave, etc, (Il est bon de remarquer ici que la 14e est naturellement basse.) Les blanches indiquent les notes qui se font par le doigté naturel, et les noires celles qui se font par le doigté factice, qu'il est urgent de bien connaitre pour simplifier certains passages, tels que Cadences, Grupetto etc, qu'il est impossible d'exécuter sans lui, et l'on peut sans crainte d'avoir une note sourde, employer 3, 4 ou 5 Cylindres; le Système BESSON corrigeant les notes sourdes et fausses de tous les instrumens, sans que l'emploi de plus ou moins de Cylindres soit préjudiciable.

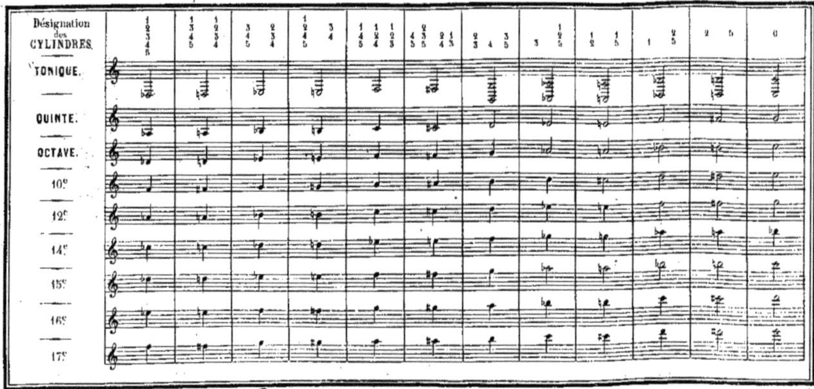

GAMME CHROMATIQUE d'après les doigtés les plus usités.

Le premier désigné est celui employé le plus souvent, (même observation pour le Tableau ci-dessus.)

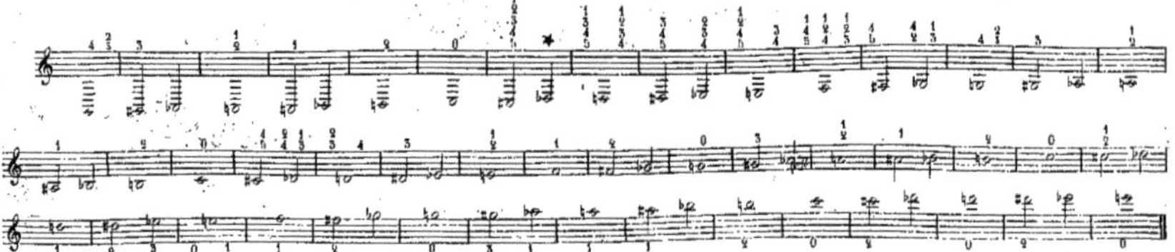

Lorsqu'on se sert du Ton de rechange, on doit accorder avec soin les coulisses des Cylindres.

Cette Tablature peut servir pour tous les Instrumens graves à 3 et 4 Cylindres.

★ Cette note n'existe pas sur les instrumens à 4 Cylindres, pour l'obtenir il faut baisser les 4 Cylindres et lâcher les lèvres, mais elle n'est jamais bonne.

7 *Rue des trois Couronnes, Paris.*

BESSON

CRÉATEUR DES PROTO-TYPES,

Breveté de plusieurs puissances,

Fournisseur de l'Armée, de la Garde Impériale et de la Marine.

TABLATURE DE BARYTON BASSE ET CONTRE-BASSE À 4 CYLINDRES,

DU NOUVEAU SYSTÈME BESSON.

Le premier Cylindre se touche avec l'index de la main droite, le second avec le médium, le troisième avec l'annulaire, et le quatrième avec l'index de la main gauche.

Les notes qui se font par les Cylindres ou pistons baissés, sont indiquées par les Nos 1, 2, 3 et 4 placés en dessus ou en dessous de la note que l'on veut produire; lorsqu'il y a plusieurs chiffres employés, on les place sur une ligne verticale; le zéro indique les notes qui se produisent sans le secours des Cylindres.

Le Tableau ci-dessous démontre les différents doigtés et positions que l'instrument possède, ainsi que les notes qui se produisent sur chacune d'elles, telles que la tonique, la quinte, l'octave, etc. (Il est bon de remarquer ici que la 14e est naturellement basse.) Les blanches indiquent les notes qui se font par le doigté naturel, et les noires celles qui se font par le doigté factice, qu'il est urgent de bien connaitre pour simplifier certains passages; tels que Cadences, Grupetto etc, qu'il est impossible d'exécuter sans lui, et l'on peut sans crainte d'avoir une note sourde, employer 3 ou 4 Cylindres; le Système BESSON corrigeant les notes sourdes et fausses de tous les instrumens, sans que l'emploi de plus ou moins de Cylindres soit préjudiciable.

Désignation des CYLINDRES. — lignes : TONIQUE, QUINTE, OCTAVE, 10e, 12e, 14e, 15e, 16e, 17e.

GAMME CHROMATIQUE d'après les doigtés les plus usités.

Le premier désigné est celui employé le plus souvent, (même observation pour le Tableau ci-dessus.)

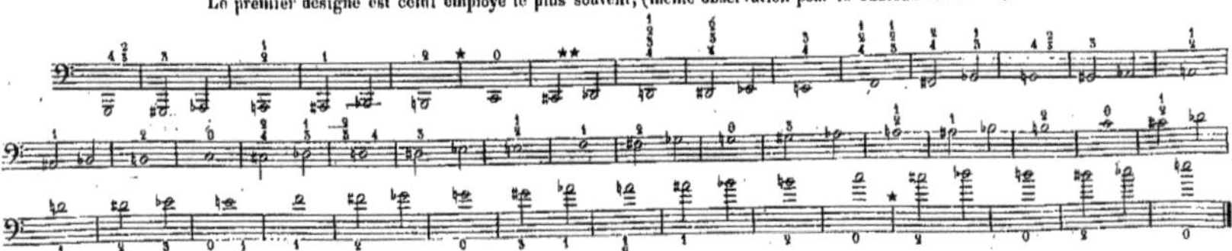

Lorsqu'on se sert du Ton de rechange, on doit accorder avec soin les coulisses des Cylindres.

Cette Tablature peut servir pour tous les Instrumens graves à 3 Cylindres.

★ Limite de l'étendue des Contre Basses.

★★ Cette note n'existe pas, on peut néanmoins la faire en baissant les 4 Cylindres et en lâchant les lèvres, les instrumens à 5 Cylindres possèdent cette note, et ont en outre des ressources immenses de doigtés et de justesse que ceux à 4 n'ont pas.

7 Rue des trois Couronnes, Paris.

BESSON

CRÉATEUR DES PROTO-TYPES,

Breveté de plusieurs puissances,

Fournisseur de l'Armée, de la Garde Impériale et de la Marine.

Mention honorable.
Médaille de Prix. Londres.
Grand Brevet de S. M. la Reine d'Angleterre.
Médaille d'Or Académie des arts et metiers.
Grande Médaille d'Or Société Un.le Londres.

Médaille d'Argent.
Grande Médaille 1re Classe (argent)
Médaille Société libre des beaux arts.
Médaille Athénée des arts (argent)
Médaille d'Or Société des arts et sciences.

TABLATURE DE BARYTON BASSE ET CONTRE-BASSE À 4 CYLINDRES,

DU NOUVEAU SYSTÈME BESSON.

Le premier Cylindre se touche avec l'index de la main droite, le second avec le médium, le troisième avec l'annulaire, et le quatrième avec l'index de la main gauche.

Les notes qui se font par les Cylindres ou pistons baissés, sont indiquées par les Nᵒˢ 1, 2, 3 et 4 placés en dessus ou en dessous de la note que l'on veut produire; lorsqu'il y a plusieurs chiffres employés, on les place sur une ligne verticale; le zéro indique les notes qui se produisent sans le secours des Cylindres.

Le Tableau ci-dessous démontre les différents doigtés et positions que l'instrument possède, ainsi que les notes qui se produisent sur chacune d'elles, telles que la tonique, la quinte, l'octave, etc. (Il est bon de remarquer ici que la 14ᵉ est naturellement basse.) Les blanches indiquent les notes qui se font par le doigté naturel, et les noires celles qui se font par le doigté factice, qu'il est urgent de bien connaitre pour simplifier certains passages, tels que Cadences, Grupetto etc, qu'il est impossible d'exécuter sans lui, et l'on peut sans crainte d'avoir une note sourde, employer 3 ou 4 Cylindres; le Système BESSON corrigeant les notes sourdes et fausses de tous les instrumens, sans que l'emploi de plus ou moins de Cylindres soit préjudiciable.

Désignation des CYLINDRES.	1 3 4	2 3 4	3 4	1 2 4 · 1 3	2 4 · 1 3	2 3 · 4	3	1 2	1	2	0
TONIQUE.											
QUINTE.											
OCTAVE.											
10ᵉ											
12ᵉ											
14ᵉ											
15ᵉ											
16ᵉ											
17ᵉ											

GAMME CHROMATIQUE d'après les doigtés les plus usités.

Le premier désigné est celui employé le plus souvent, (même observation pour le Tableau ci-dessus.)

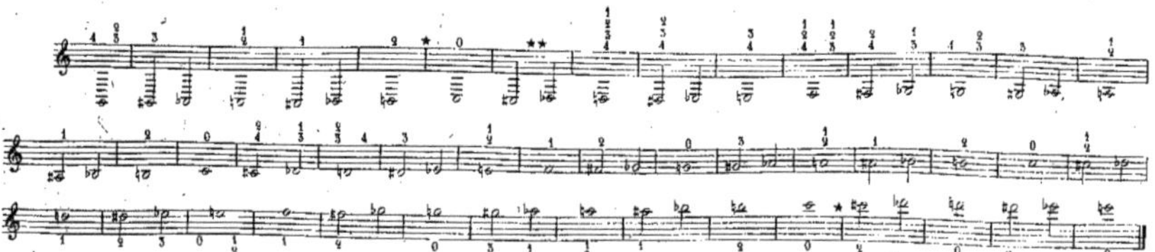

Lorsqu'on se sert du Ton de rechange, on doit accorder avec soin les coulisses des Cylindres.

Cette Tablature peut servir pour tous les Instrumens graves à 3 Cylindres.

* Limite de l'étendue des Contre-Basses.

** Cette note n'existe pas, on peut néanmoins la faire en baissant les 4 Cylindres et en lâchant les lèvres, les instruments à 5 Cylindres possèdent cette note, et ont en outre des ressources immenses de doigtés et de justesse que ceux à 4 n'ont pas.

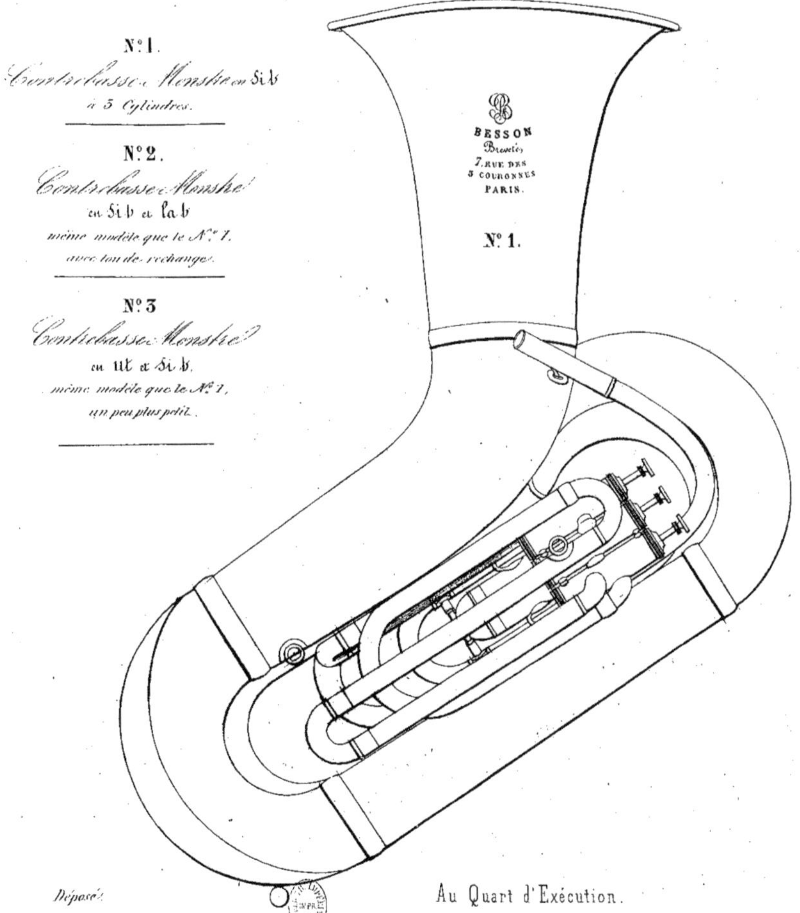

Nº 1.
Contrebasse Monstre en Si b
à 5 Cylindres.
Nº 2.
Contrebasse Monstre
en Si b a La b
même modèle que le Nº 1.
avec ton de rechange.
Nº 3
Contrebasse Monstre
en Ut a Si b.
même modèle que le Nº 1,
un peu plus petit.
BESSON
Breveté,
7. RUE DES
5 COURONNES
PARIS.
Nº 1.
Déposé.
Au Quart d'Exécution.
Imp. Plaçais Roche.

N.º 7.
Contre-basse
en Mi b seulement,
à 3 Cylindres.

N.º 8.
Contre-basse
en Mi b et re b.
même modèle que le N.º 7,
avec ton de rechange.

N.º 7. 8.
11 et 12.

N.º 11.
Contre-basse
en fa a Mi b.
même modèle que le N.º 8,
plus petit.

N.º 12.
Contre-basse
en sol et fa,
même modèle que le N.º 8,
plus petit.

N.º 24
et 25.

N.º 24.
Baryton
en Si b seulement,
à 3 Cylindres.

N.º 25.
Baryton
en Ut et Si b.
même modèle que le N.º 24,
avec ton de rechange,
plus petit.

Au Quart d'Exécution.

Déposé.

Imp. Placais-Roche.

7 *Rue des trois Couronnes, Paris.*

BESSON

CRÉATEUR DES PROTO-TYPES,

Breveté de plusieurs puissances,

Fournisseur de l'Armée, de la Garde Impériale et de la Marine.

TABLATURE DE BARYTON BASSE ET CONTRE-BASSE À 3 CYLINDRES,

DU NOUVEAU SYSTÈME BESSON.

L'Instrument se tient de la main gauche qui sert en même temps à fixer l'embouchure sur les lèvres, la main droite est entièrement réservée pour le jeu des Cylindres; le premier se touche avec l'index, le second avec le médium et le troisième avec l'annulaire.

Les notes qui se font par les Cylindres ou pistons baissés, sont indiquées par les Nos 1, 2 et 3 placés en dessus ou en dessous de la note que l'on veut produire; lorsqu'il y a plusieurs chiffres employés, on les place sur une ligne verticale; le zéro indique les notes qui se produisent sans le secours des Cylindres.

Le Tableau ci-dessous démontre les différents doigtés et positions que l'instrument possède, ainsi que les notes qui se produisent sur chacune d'elles, telles que la tonique, la quinte, l'octave, etc. (Il est bon de remarquer ici que la 14e est naturellement basse.) Les blanches indiquent les notes qui se font par le doigté naturel, et les noires celles qui se font par le doigté factice, qu'il est urgent de bien connaître pour simplifier certains passages, tels que Cadences, Grupetto etc, qu'il est impossible d'exécuter sans lui, et l'on peut sans crainte d'avoir une note sourde, employer les 3 Cylindres; le Système BESSON corrigeant les notes sourdes et fausses de tous les instrumens, sans que l'emploi de plus ou moins de Cylindres soit préjudiciable.

Désignation des CYLINDRES.	1 2 3	1 3	2 3	3	1 2	1	2	0
TONIQUE.								
QUINTE.								
OCTAVE.								
10e								
12e								
14e								
15e								
16e								
17e								

GAMME CHROMATIQUE d'après les doigtes les plus usités.

Le premier désigné est celui employé le plus souvent.

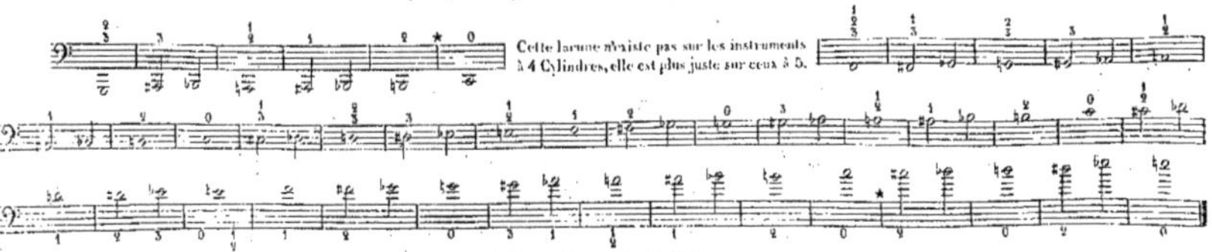

Lorsqu'on se sert du ton de rechange, on doit accorder avec soin les coulisses des Cylindres.

* Limite de l'étendue des Contre-Basses.

7 Rue [illegible] Couronnes, Paris.

BESSON

CRÉATEUR DES PROTO-TYPES.

Breveté de plusieurs puissances.

Fournisseur de l'Armée de la Garde Impériale et de la Marine.

TABLATURE DE BARYTON BASSE ET CONTRE-BASSE À 3 CYLINDRES,

DU NOUVEAU SYSTÈME **BESSON**.

[illegible] se font de la main gauche qui sert en même temps [illegible] à soutenir le cheste. La main droite est entièrement réservée pour [illegible] cylindres [illegible] premier se touche avec l'index, le second avec le [illegible] et le troisième avec l'annulaire.

[illegible] se font par les Cylindres ou pistons baissés, sont indiqués par [illegible] N°s 1, 2 et 3 placés en dessus ou en dessous de la note que l'on [illegible] produire [illegible] il y a plusieurs chiffres employés, on les place sur une ligne verticale; le zéro indique les notes qui [illegible] produisent sans le secours [illegible] Cylindres.

[illegible] montre les différents doigtés et positions que l'instrument [illegible], ainsi que les notes qui se produisent sur chacun d'elles [illegible], 1er, etc.(Il est bon de remarquer ici que la [illegible] contre-basse). Les blanches indiquent les notes qui se font [illegible] et les noires celles qui se font par le doigté factice, qu'il est urgent de bien connaître pour suppléer [illegible], tels que [illegible], qu'il est impossible d'exécuter sans lui, et l'on peut sans crainte d'avoir une note sourde, employer le [illegible] Système [illegible] corrigeant les notes sourdes et fausses de tous les instruments, sans que l'on [illegible] de plus en moins de Cylindres [illegible] plus difficiles.

Désignation des CYLINDRES.								
TONIQUE								
QUINTE.								
OCTAVE.								
10e								
12e								
14e								
15e								
16e								
17e								

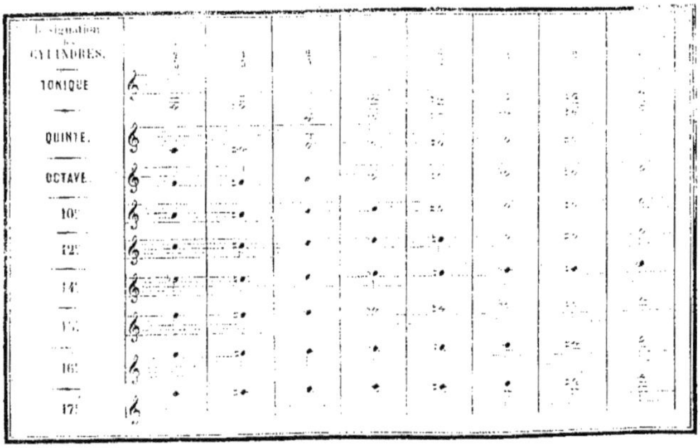

GAMME CHROMATIQUE d'après les doigtés les plus usités.

[illegible] doigtés employés le plus souvent.

TABLATURE DE L'OPHICLÉIDE
du nouveau Système
BESSON
CRÉATEUR DES PROTO-TYPES,
Breveté de plusieurs puissances,
Fournisseur de l'Armée, de la Garde Impériale et de la Marine.
7 Rue des trois Couronnes - Paris.

10 Médailles, or, argent et bronze.

La 1re Clé se touche avec l'index de la main gauche, la 2me avec le médium, la 3e avec le pouce, la 4e avec l'annulaire; le petit doigt reste appuyé à coté de la 4e Clé, afin que la main soit dans une position arrondie; la 5e Clé se touche avec le pouce de la main droite, la 6e avec le petit doigt, la 7e avec l'annulaire, la 8e avec le médium et la 9e avec l'index.

Les notes qui se font par les clés, sont indiquées par des chiffres placés au dessous de la note que l'on veut produire; lorsqu'il y a plusieurs chiffres employés, on les place sur une ligne verticale; le zéro indique les notes qui se produisent sans le secours des clés.

Les clés de *fa* ♯ et de *la* ♭ ne pouvant s'actionner sans le concours de celles sur lesquelles leur queue vient s'appuyer, ne pourront être désignées par des chiffres; ainsi elles seront indiquées, l'une: C. Fa ♯ et l'autre: C. La ♭.

La Figure ci-contre démontre l'ordre des Clés ainsi que les notes naturelles produites sur chacune d'elles.

GAMME CHROMATIQUE
d'après les doigtés les plus usités.

Le premier désigné est celui employé le plus souvent, c'est le doigté naturel, les autres appelés factices ne s'emploient généralement que pour lier les sons ou rajuster les notes défectueuses, ou même seulement pour leur donner plus de sonorité. (✳)

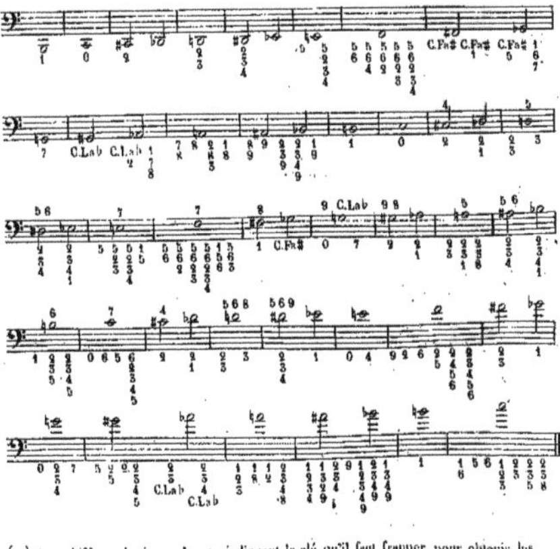

(✳) Les chiffres placés au dessus indiquent la clé qu'il faut frapper pour obtenir les cadences particulières.

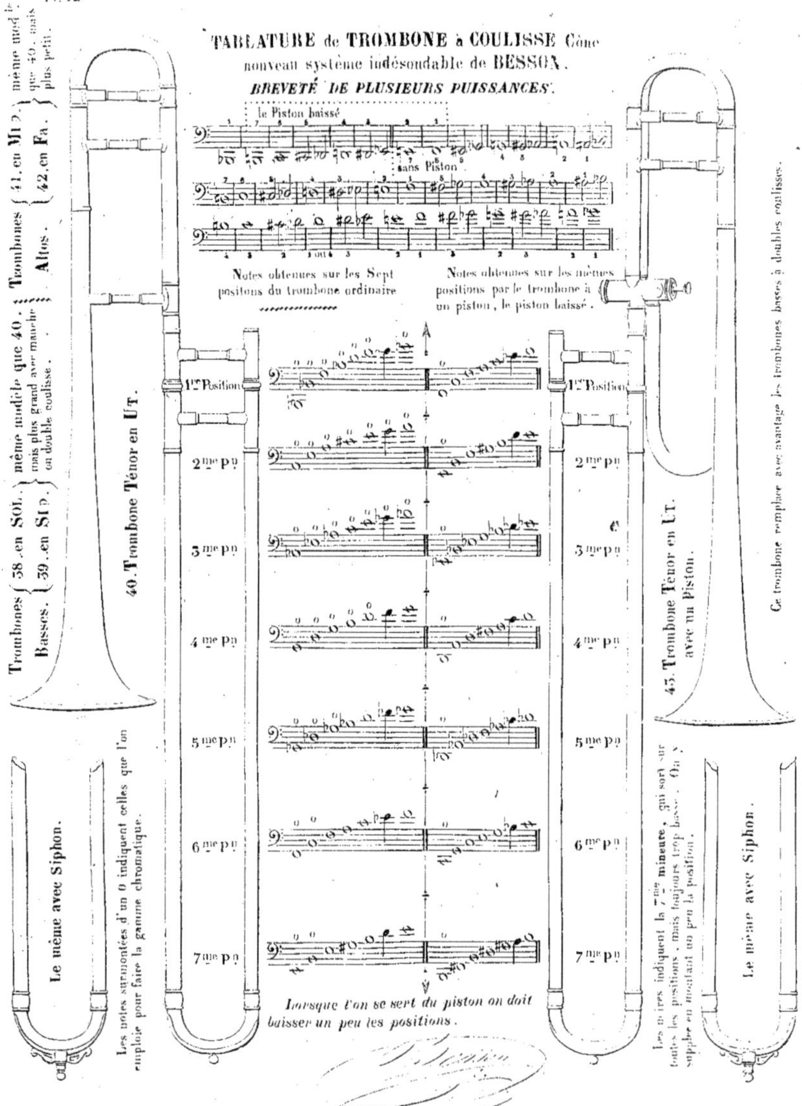

Trombones { 38. en SOL. } même modèle que 40. — Trombones { 41. en MI♭ } même modèle
Basses. { 39. en SI♭ } mais plus grand avec manche. — Altos. { 42. en Fa. } que 40. mais
ou double coulisse. — plus petit.

TABLATURE de TROMBONE à COULISSE Cône
nouveau système indésoudable de BESSON.
BREVETÉ DE PLUSIEURS PUISSANCES.

le Piston baissé

sans Piston

Notes obtenues sur les Sept
positons du trombone ordinaire

Notes obtenues sur les mêmes
positions par le trombone à
un piston, le piston baissé.

40. Trombone Ténor en UT.

Le même avec Siphon.

Les notes surmontées d'un 0 indiquent celles que l'on
emploie pour faire la gamme chromatique.

1re Position

2me p^n

3me p^n

4me p^n

5me p^n

6me p^n

7me p^n

43. Trombone Ténor en UT.
avec un piston.

Le même avec Siphon.

Ce trombone remplace avec avantage les trombones basses à doubles coulisses.

Les notes ... indiquent la 7me mineure, qui sort sur
toutes les positions, mais toujours trop basse. On y
supplée en montant un peu la position.

Lorsque l'on se sert du piston on doit
baisser un peu les positions.

7 Rue des trois Couronnes, Paris.

BESSON

CRÉATEUR DES PROTO-TYPES,

Breveté de plusieurs Puissances,

Fournisseur de l'Armée, de la Garde Impériale et de la Marine.

TABLATURE POUR COR D'HARMONIE A 3 CYLINDRES,

DU NOUVEAU SYSTÈME BESSON.

Le premier Cylindre se touche avec l'index de la main gauche, le second avec le médium, et le troisième avec l'annulaire. Les notes qui se font par les Cylindres ou pistons baissés, sont indiquées par les N.os 1, 2 et 3, placés au dessus de la note que l'on veut produire, lorsqu'il y a plusieurs chiffres employés, on les place sur une ligne verticale; le zéro indique les notes qui se produisent sans le secours des Cylindres.

Le Tableau ci-dessous démontre les différents doigtés et positions que l'instrument possède, ainsi que les notes qui se produisent sur chacune d'elles, telles que la tonique, la quinte, l'octave, etc. Les blanches indiquent les notes qui se font par le doigté naturel, et les noires celles qui se font par le doigté factice, qu'il est urgent de bien connaitre pour simplifier certains passages, tels que Cadences, Grupetto etc, qu'il est impossible de bien exécuter sans lui, et l'on peut sans crainte d'avoir une note sourde, employer les trois Cylindres; le Système BESSON corrigeant les notes sourdes et fansses de tous les instrumens, sans que l'emploi de plus ou moins de Cylindres soit préjudiciable.

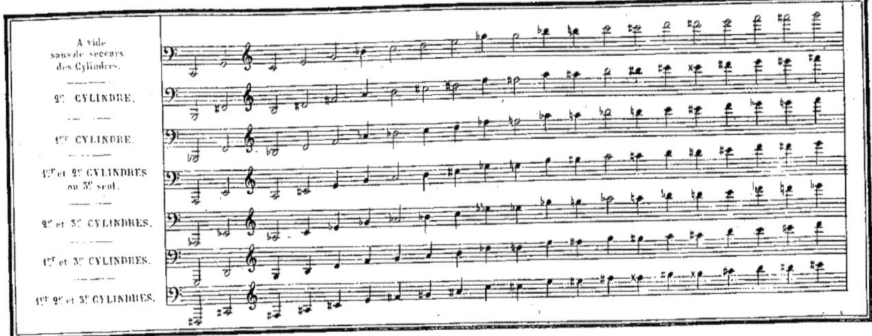

GAMME CHROMATIQUE d'après les doigtés les plus usités.

Comme le Cor à Cylindres n'exclue pas le mouvement de la main droite dans le pavillon, j'ai indiqué par des chiffres placés au dessous des notes, la manière de les obtenir.

Le chiffre 1 indique que le pavillon doit être entièrement bouché.
La fraction ¾ ———————————— bouché aux trois quarts.
La fraction ½ ———————————— bouché à moitié.
La fraction ¼ ———————————— bouché au quart.
Le zéro 0 indique les notes qui se font naturellement.
Le double zéro $\frac{0}{0}$ indique que la main doit être un peu plus ouverte que pour les notes naturelles.

Lorsqu'on se sert des Tons de rechange, on doit accorder avec soin les coulisses des Cylindres.

Cette Tablature peut servir pour le Cor d'harmonie simple, c'est la même aussi pour le Cor à pavillon vertical créé en 1847 par M.r Besson, pour la Cavalerie, ces derniers sont maintenus avec la main gauche pour la solidité de l'embouchure sur les lèvres, et la main droite est entièrement réservée pour le jeu des Cylindres.

(*) Les notes écrites sur la Clé de Fa sont dites ordinairement par le second Cor, remarquons ici que d'après une règle voulue par l'habitude, elles sont écrites une octave plus bas que l'effet réel qu'elles produisent. (Notez l'unisson (*))

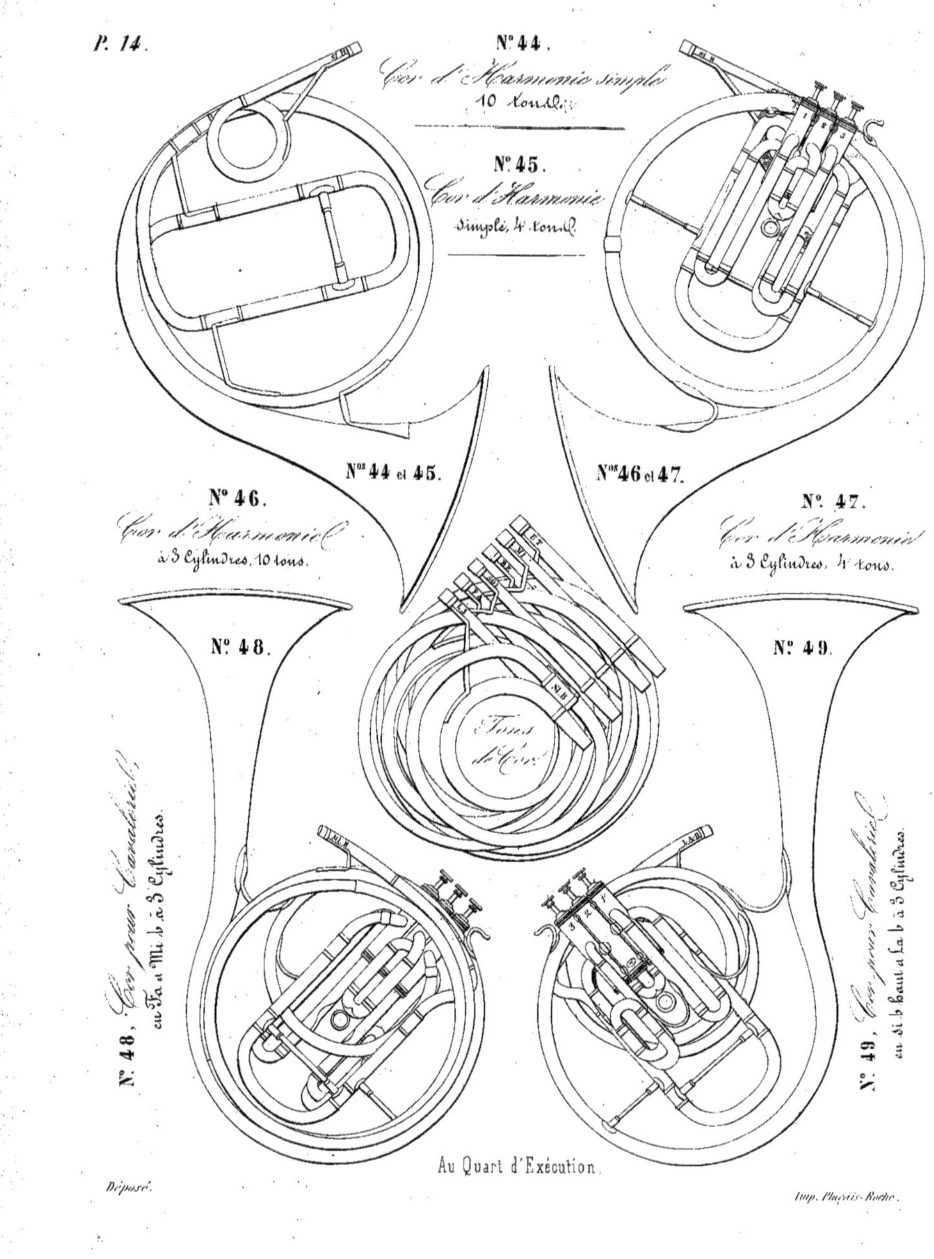
Nº 44.
Cor d'Harmonie simple
10 tons.
Nº 45.
Cor d'Harmonie
simple, 4 tons.
Nºs 44 et 45.
Nºs 46 et 47.
Nº 46.
Cor d'Harmonie
à 3 Cylindres, 10 tons.
Nº 47.
Cor d'Harmonie
à 3 Cylindres, 4 tons.
Nº 48.
Nº 49.
Tons de Cor
Nº 48, Cor pour Cavalerie,
en Fa et Mi b à 3 Cylindres.
Nº 49, Cor pour Cavalerie,
en Si b haut et La b à 3 Cylindres.
Au Quart d'Exécution.
Déposé.
Imp. Plaçais-Roche.

7 Rue des trois Couronnes, Paris.

BESSON

CRÉATEUR DES PROTO-TYPES,
Breveté de plusieurs puissances,
Fournisseur de l'Armée, de la Garde Impériale et de la Marine.

Mention honorable.
Médaille de Prix. Londres.
Grand Brevet de S.M. la Reine d'Angleterre.
Médaille d'Or Académie des arts et métiers.
Grande Médaille d'Or Société Un.le Londres.

Médaille d'Argent.
Grande Médaille 1re Classe. (argent)
Médaille Société libre des beaux arts.
Médaille Athénée des arts (argent)
Médaille d'Or Société des arts et métiers.

TABLATURE pour la TROMPETTE D'HARMONIE À 3 CYLINDRES du nouveau Système BESSON,
et pour la TROMPETTE D'HARMONIE À COULISSE.

L'instrument se tient de la main gauche dans une position oblique pour faciliter le jeu des Cylindres ou de la coulisse, cette main sert en même temps à fixer l'embouchure sur les lèvres, la main droite est entièrement réservée pour le jeu des Cylindres ou de la coulisse. Le premier Cylindre se touche avec l'index, le deuxième avec le médium, et le troisième avec l'annulaire, les notes qui se font par les Cylindres ou pistons baissés, sont indiquées par les Nos 1, 2 et 3 placés au dessus de la note que l'on veut produire; lorsqu'il y a plusieurs chiffres employés, on les place sur une ligne verticale, le zéro indique les notes qui se font sans le secours des Cylindres.

La Trompette à Coulisse possède 4 positions, les notes qui leur correspondent sont indiquées au dessous par des chiffres.

Le Tableau ci-dessous démontre les différents doigtés et positions que ces instrumens possèdent, ainsi que les notes qui se produisent sur chacune d'elles, telles que la tonique, la quinte, l'octave, etc. il est bon de remarquer ici que la 14e est toujours un peu basse et la 18e toujours haute, ces intervalles défectueux se retrouvent sur chaque position, ils sont indiqués sur le tableau par des croches. Les blanches indiquent les notes qui se font par le doigté naturel, et les noires et les croches celles qui se font par le doigté factice, qu'il est urgent de bien connaître pour simplifier certains passages, qu'il est impossible d'exécuter sans lui, et l'on peut sans crainte d'avoir une note sourde, employer les 3 Cylindres; le Système BESSON corrigeant les notes sourdes et fausses de tous les instrumens sans que l'emploi de plus ou moins de Cylindres soit préjudiciable.

TONS DES TROMPETTES D'HARMONIE.

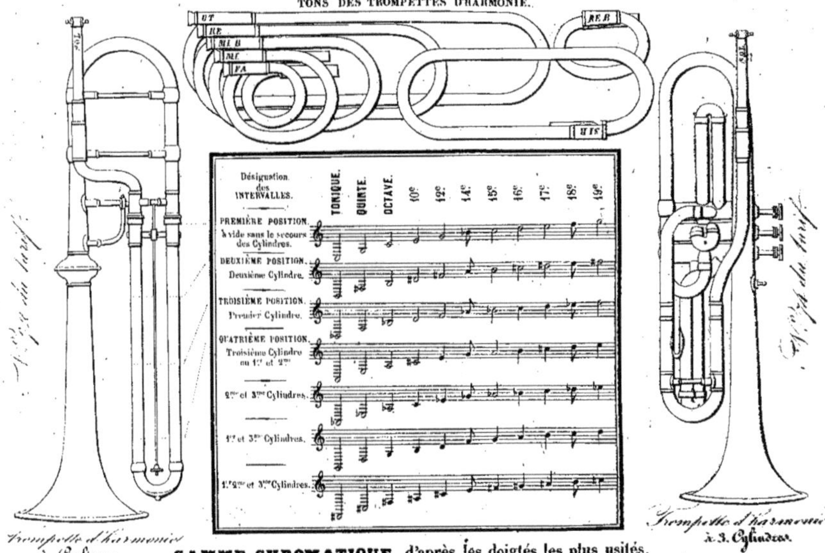

GAMME CHROMATIQUE d'après les doigtés les plus usités.
Le premier désigné est celui employé le plus souvent.

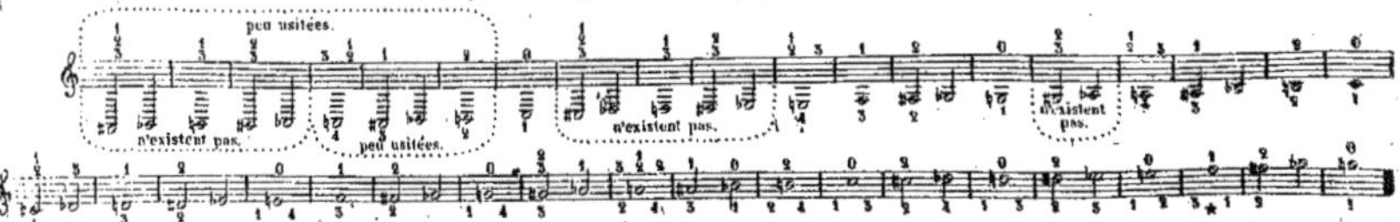

Lorsqu'on se sert des tons de rechange, on doit accorder avec soin les coulisses des Cylindres, ces instrumens ont ordinairement six tons et deux rallonges avec lesquels on combine tous les tons dont on peut avoir besoin, par exemple le ton de Mi b et la petite rallonge donnent le ton de Ré b, le ton de Mi b et la grande rallonge donnent le ton de Si b, on peut aussi faire le ton de Si b avec le ton d'Ut et la petite rallonge. &c. &c.

✶ Pour obtenir cette note avec facilité et justesse on doit la prendre entre la 1re et la 2me position de préférence à toute autre.

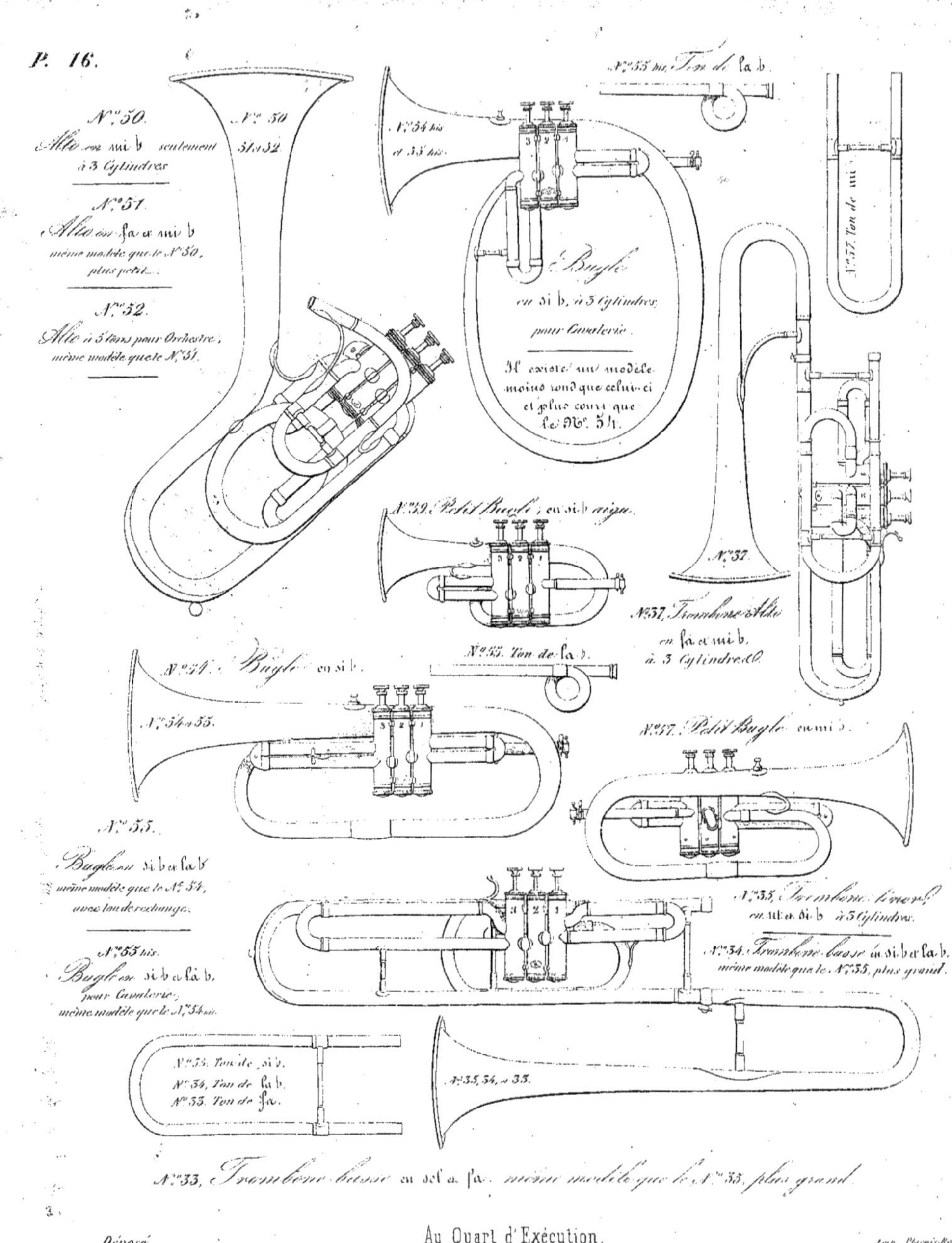

P. 16.

N°50.
Alto en mi b seulement
à 3 Cylindres

N°51.
Alto en fa ou mi b
même modèle que le N°50,
plus petit

N°52.
Alto à 5 tons pour Orchestre,
même modèle que le N°51

N°55 bis. Ton de La b.

N°54 bis et 55 bis.

N°77. Ton de mi

Bugle
en si b, à 3 Cylindres,
pour Cavalerie.
Il existe un modèle
moins rond que celui-ci
et plus court que
le N°54.

N°39. Petit Bugle, en si b aigu.

N°37

N°37. Trombone Alto
en fa et mi b,
à 3 Cylindres C

N°55. Ton de La b.

N°54. Bugle en si b.

N°54 et 55.

N°55.
Bugle en si b et la b,
même modèle que le N°54,
avec ton de rechange.

N°55 bis.
Bugle en si b et la b,
pour Cavalerie,
même modèle que le N°54 bis.

N°55. Ton de si b.
N°54. Ton de La b.
N°33. Ton de Fa.

N°57. Petit Bugle en mi b.

N°35. Trombone ténor,
en ut et si b, à 3 Cylindres.

N°34. Trombone basse en si b et la b,
même modèle que le N°35, plus grand.

N°35, 34, et 33.

N°33, Trombone basse en sol et fa, même modèle que le N°35, plus grand.

Déposé.

Au Quart d'Exécution.

Imp. Phœnix-Roche.

7 Rue des trois Couronnes, Paris.

BESSON

CRÉATEUR DES PROTO-TYPES,

Breveté de plusieurs Puissances,

Fournisseur de l'Armée, de la Garde Impériale et de la Marine.

TABLATURE DE TROMBONE À 3 CYLINDRES du nouveau Systême BESSON.

L'instrument se tient de la main gauche dans une position oblique pour faciliter le jeu des Cylindres, cette main sert en même temps à fixer l'embouchure sur les lèvres, la main droite est entièrement réservée pour le jeu des Cylindres; le premier se touche avec l'index, le second avec le médium et le troisième avec l'annulaire.

Les notes qui se font par les Cylindres ou pistons baissés, sont indiquées par les Nᵒˢ 1, 2 et 3 placés en dessus ou en dessous des notes que l'on veut produire; lorsqu'il y a plusieurs chiffres employés, on les place sur une ligne verticale; le zéro indique les notes qui se font sans le secours des Cylindres.

Le Tableau ci-dessous démontre les différents doigtés et positions que l'instrument possède, ainsi que les notes qui se produisent sur chacune d'elles, telles que la tonique, la quinte, l'octave, etc. (Il est bon de remarquer ici que la 14ᵉ est naturellement basse.) Les blanches indiquent les notes qui se font par le doigté naturel, et les noires celles qui se font par le doigté factice, qu'il est urgent de bien connaître pour simplifier certains passages, tels que Cadences, Grupetto etc, qu'il est impossible d'exécuter sans lui, et l'on peut sans crainte d'avoir une note sourde, employer les 3 Cylindres. Système BESSON corrigeant les notes sourdes et fausses de tous les instrumens, sans que l'emploi de plus ou moins de Cylindres soit préjudiciable.

Désignation des CYLINDRES.	1/2/3	1/3	2/3	1/2 . 1	1	2	0
TONIQUE.							
QUINTE.							
OCTAVE.							
10ᵉ							
12ᵉ							
14ᵉ							
15ᵉ							
16ᵉ							
17ᵉ							

GAMME CHROMATIQUE d'après les doigtés les plus usités.

Le premier désigné est celui employé le plus souvent.

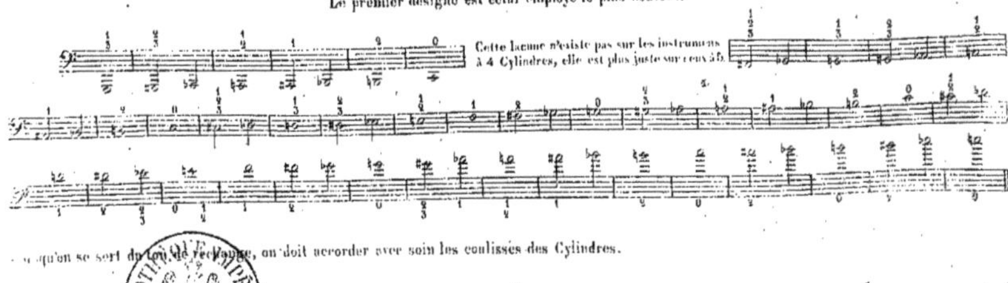

...qu'on se sert du ton de rechange, on doit accorder avec soin les coulisses des Cylindres.

7 Rue des trois Couronnes, Paris.

BESSON

CRÉATEUR DES PROTO-TYPES,

Breveté de plusieurs Puissances,

Fournisseur de l'Armée, de la Garde Impériale et de la Marine.

TABLATURE DE CORNET À 3 CYLINDRES du nouveau Système BESSON.

L'instrument se tient de la main gauche dans une position oblique pour faciliter le jeu des Cylindres, cette main sert en même temps à fixer l'embouchure sur les lèvres, la main droite est entièrement réservée pour le jeu des Cylindres; le premier se touche avec l'index, le second avec le médium et le troisième avec l'annulaire.

Les notes qui se font par les Cylindres ou pistons baissés, sont indiquées par les N.os 1, 2 et 3 placés en dessus ou en dessous de la note que l'on veut produire; lorsqu'il y a plusieurs chiffres employés, on les place sur une ligne verticale; le zéro indique les notes qui se produisent sans le secours des Cylindres.

Le Tableau ci-dessous démontre les différents doigtés et positions que l'instrument possède, ainsi que les notes qui se produisent sur chacune d'elles, telles que la tonique, la quinte, l'octave etc. (Il est bon de remarquer ici que la 14.e est naturellement basse.) Les blanches indiquent les notes qui se font par le doigté naturel, et les noires celles qui se font par le doigté factice, qu'il est urgent de bien connaître pour simplifier certains passages, tels que Cadences, Grupetto etc, qu'il est impossible d'exécuter sans lui, et l'on peut sans crainte d'avoir une note sourde, employer les 3 Cylindres le Système BESSON corrigeant les notes sourdes et fausses de tous les instrumens, sans que l'emploi de plus ou moins de Cylindres soit préjudiciable.

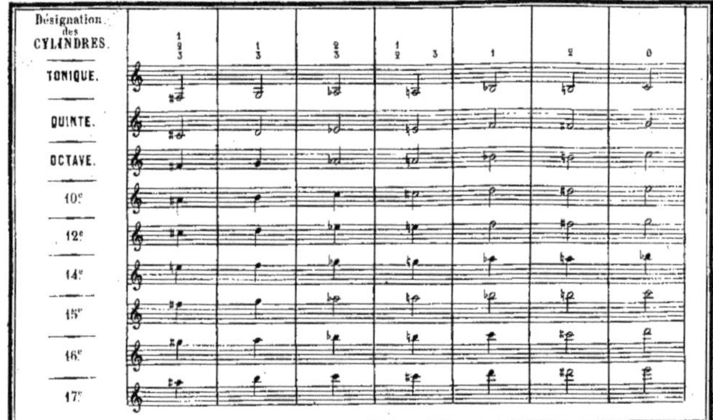

GAMME CHROMATIQUE d'après les doigtés les plus usités.

Le premier désigné est celui employé le plus souvent.

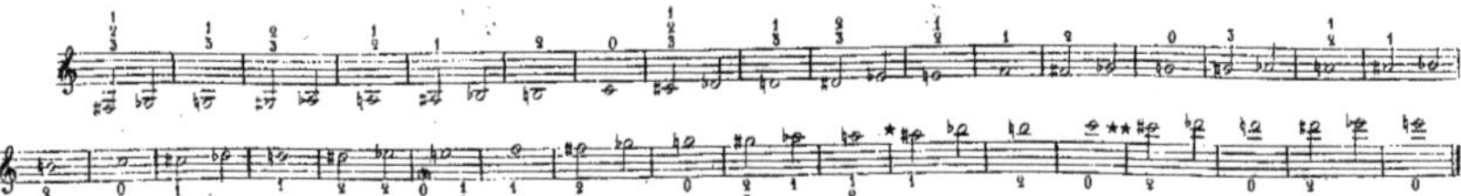

Lorsqu'on se sert des Tons de rechange, on doit accorder avec soin les coulisses des Cylindres.

Cette Tablature est la même pour Cornettino, Petit Bugle, Bugle, Alto et Trombone.

*   Limite de l'étendue des Petits Bugles.
** Limite de l'étendue des Bugles.

Tableau N°1, Cornets à Pistons ou à Cylindres.

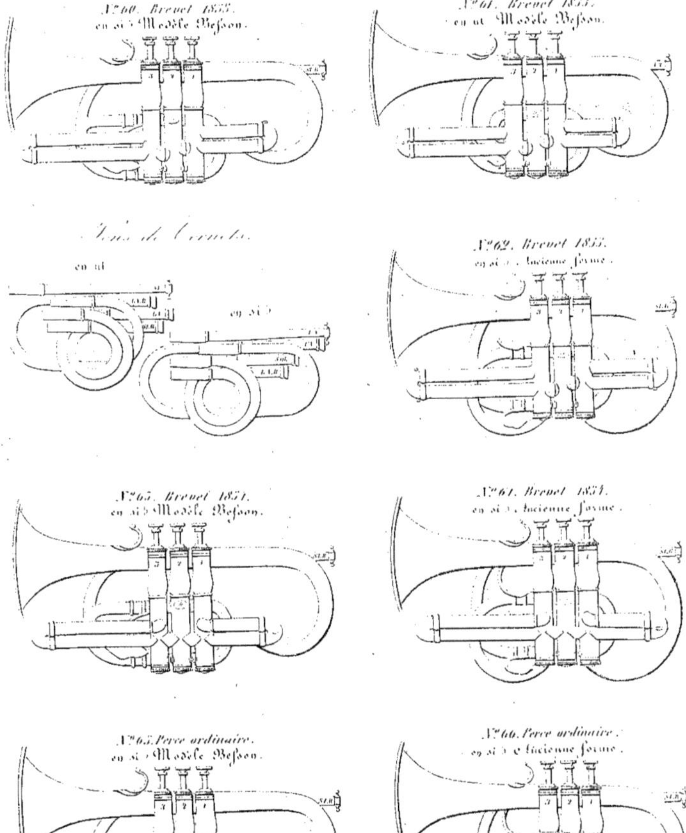

Au quart d'exécution. Déposé.

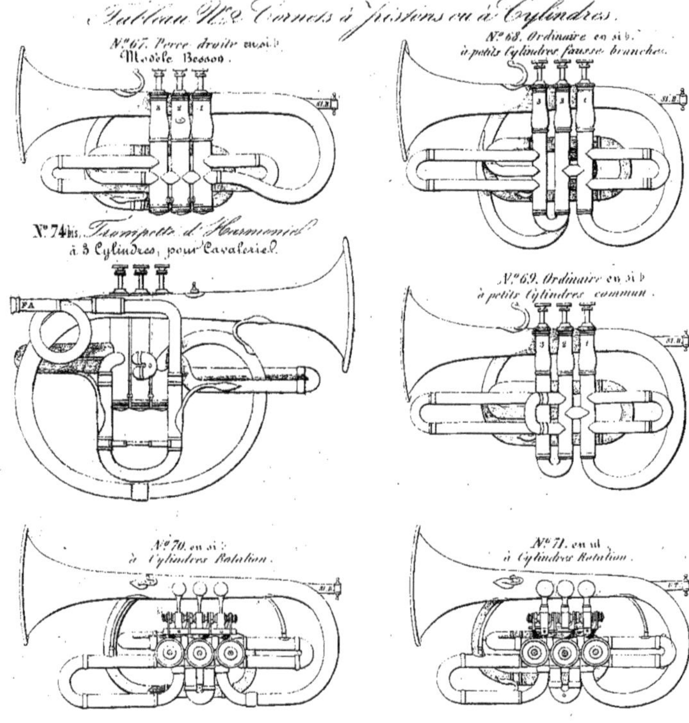

Tableau N.º 2. Cornets à Pistons ou à Cylindres.
N.º 67. Perce droite avec Modèle Besson.
N.º 68. Ordinaire en si ♭ à petits Cylindres fausse branche.
N.º 74 bis. Trompette d'Harmonie à 3 Cylindres, pour Cavalerie.
N.º 69. Ordinaire en si ♭ à petits Cylindres commun.
N.º 70. en si ♭ à Cylindres Rotation.
N.º 71. en ut à Cylindres Rotation.

TABLATURE DE CLAIRON CHROMATIQUE
OU BUGLE EN SI ♭ A 4 CYLINDRES
d'après le nouveau système **BESSON** Breveté.

Paris, Rue des trois Couronnes, 7.

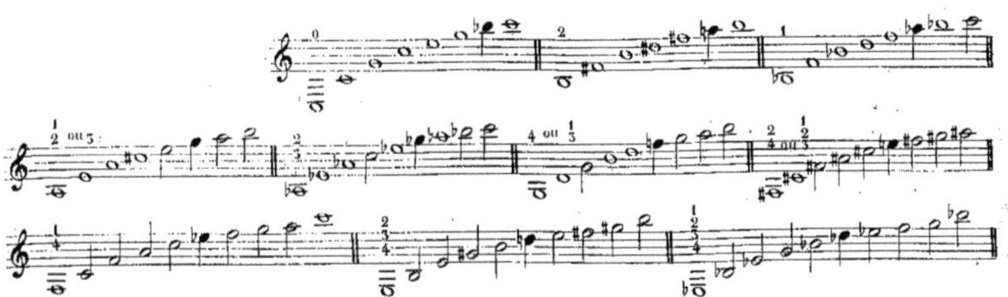

(N^{ta}) Les Noires indiquent la Septième mineure qui sort sur toutes les positions; mais qui est toujours trop basse, les Blanches indiquent les notes peu usitées que l'on désigne par la dénomination de notes factices et les Rondes indiquent les notes qui se font par le doigté naturel et que l'on désigne par la dénomination de notes naturelles.

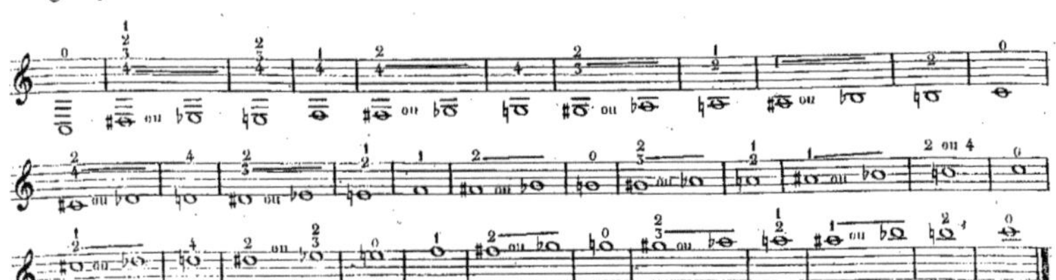

L'addition d'un 4.e Cylindre sur cet instrument, est non seulement pour lui donner une plus grande étendue, mais encore une justesse parfaite dans un mouvement lent ou sur une tenue, ce qu'on ne pouvait obtenir sur un instrument à 3 cylindres seulement, sans des efforts de lèvres qui gênaient beaucoup l'exécutant.

On doit accorder l'instrument ainsi: le 1.er et le 2.e cylindre sur l'accord parfait de FA, le 3.e sur l'accord parfait de MI ♭, et le 4.e sur le SOL.

L'instrument accordé ainsi, et avec le doigté que j'indique dans la gamme, on obtient une justesse parfaite, ce qui n'empêche pas dans un mouvement précipité, d'employer le doigté ordinaire, en ayant soin d'enfoncer un peu les coulisses du 1.er et 3.e cylindres.

N.º 53.

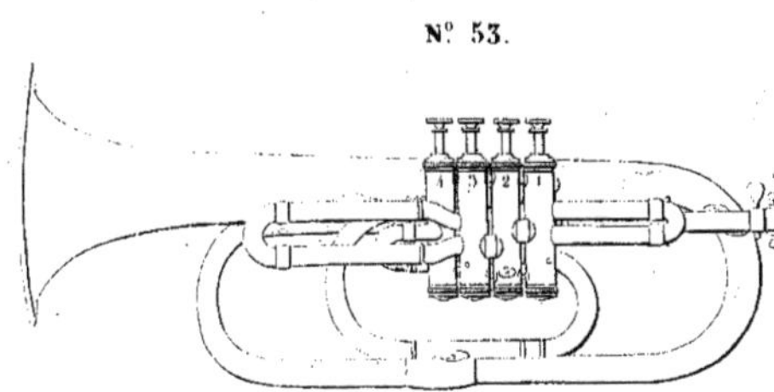

G. B.

TABLATURE de CORNETTINO ou PETIT BUGLE en SI♭ aigu à 4 Cylindres à Colonne d'air

[Nouveau Système indésserrable], de BESSON, fournisseur de l'Armée Française, Anglaise et autres
de l'Académie, du Conservatoire, de la Marine et de la Garde-Impériale.
BREVETÉ DE PLUSIEURS PUISSANCES.
Récompensé aux Expositions Nationales et Universelles. PARIS, 7, Rue des 3, Couronnes.

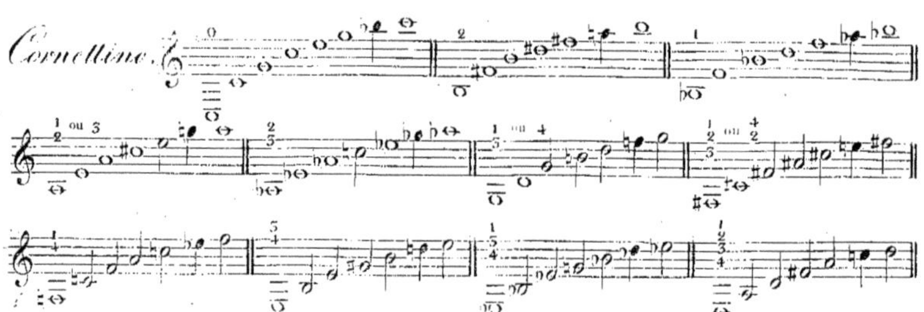

(Nota.) Les Noires, indiquent la 7ᵐᵉ Dominante qui sort sur toutes les positions ; mais qui est toujours trop basse, les Blanches indiquent les notes peu usitées que l'on désigne par la dénomination de notes factices et les Rondes indiquent les notes qui se font par le doigté naturel et que l'on désigne par la dénomination de notes naturelles.

ACCORDER AVEC SOIN LES COULISSES des cylindres lorsqu'on se sert du ton de rechange.

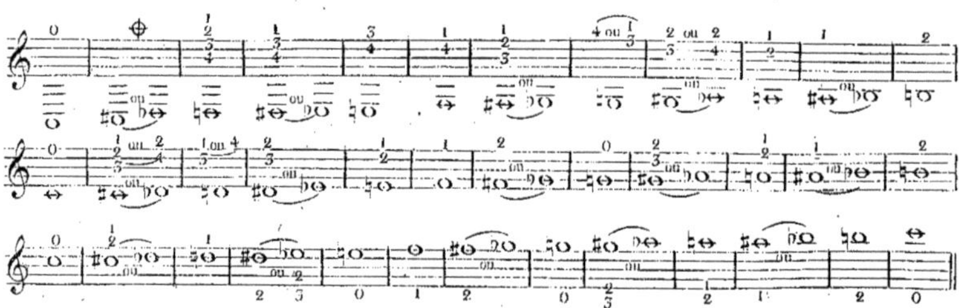

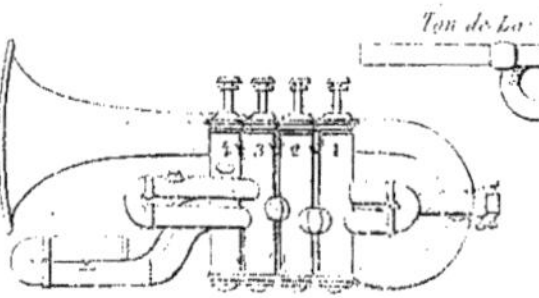

Cet instrument aussi aigu n'est praticable que jusqu'au SOL au dessus des lignes, ce qui restreint beaucoup son étendue, j'y ai ajouté un 4ᵉ cylindre qui complète l'octave inférieure, de sorte qu'avec cette addition et un peu d'habitude on peut au besoin jouer à l'unisson du grand bugle.

Cet instrument ainsi conçu, peut maintenant occuper une place plus importante, que celle à laquelle il était destiné

⊕ Cette note n'existe pas, on peut néanmoins la faire en lachant les lèvres et baissant les 4 cylindres.

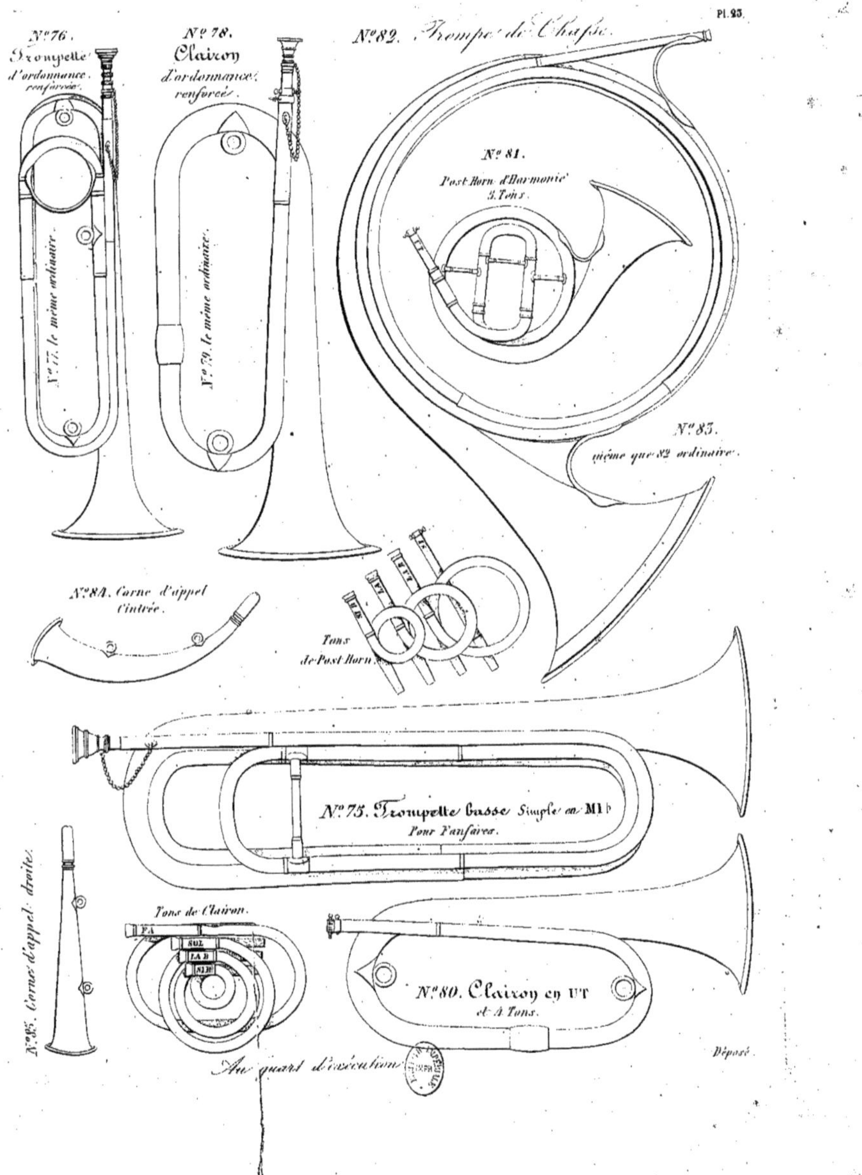

Pl. 23
N° 76.
Trompette d'ordonnance renforcée.
N° 78.
Clairon d'ordonnance renforcé.
N° 82. Trompe de Chasse.
N° 81.
Post-Horn d'Harmonie 3 Tons.
N° 77. le même ordinaire.
N° 79. le même ordinaire.
N° 83.
même que 82 ordinaire.
N° 84. Corne d'appel l'intrée.
Tons de Post-Horn.
N° 75. Trompette basse Simple en Mi♭ Pour Fanfares.
N° 85. Corne d'appel droite.
Tons de Clairon.
FA
SOL
LA♭
SI♭
N° 80. Clairon en UT et 4 Tons.
Au quart d'exécution.
Déposé.